Es gibt nichts
Gutes, außer:
man tut es

ERICH KÄSTNER

Stellen Sie sich vor,

VORWORT

alle 50 Millionen Haushalte in Deutschland würden zu einem grünen Stromanbieter wechseln – dann käme die Energiewende in Schwung und das letzte Atomkraftwerk würde nicht erst in zehn Jahren abgeschaltet.

Stellen Sie sich vor, niemand würde mehr übergroße, schwere Spritschlucker kaufen, die die Umwelt verpesten – die Autofabriken würden notgedrungen auf die Produktion kleiner Sparmobile umsatteln.

Und stellen Sie sich vor, niemand würde mehr Fleisch aus tierquälerischer Massenhaltung essen – die Landwirte müssten ihre Tiere artgerecht halten oder würden pleitegehen.

Alles nur Träumerei? Mitnichten! Es sind unsere täglichen Entscheidungen, die den Lauf der Dinge verändern. Die Marktmacht der Verbraucher kann Politiker und Unternehmer in die richtige Richtung lotsen, ja sogar zwingen.

Wenn sich dann noch alle, die sich über Behäbigkeit und Mittelmaß von Abgeordneten und Ministern aufregen, selbst in einer Partei, einer Bürgerinitiative, einer Umwelt- oder Menschenrechtsorganisation engagieren, dann klappt es auch mit der vitalen Demokratie. Die funktioniert nämlich nur, wenn viele mitmachen.

In den letzten fünf Jahren hat das Greenpeace Magazin regelmäßig Denkanstöße veröffentlicht, die „Tu was"-Tipps. Das Schöne daran ist, dass viele davon leicht und kostengünstig ohne große Verrenkungen zu verwirklichen sind. Für dieses Buch haben wir die Tipps überarbeitet und aktualisiert.

Jeder von Ihnen, liebe Leserinnen und Leser, kann mitmachen und zu einer besseren Welt beitragen. So wie der Berliner Philosoph Wilhelm Schmid. „Ich fange klein an", sagt er und hat sein Auto abgeschafft.

Nehmen Sie sich Zeit beim Blättern und Lesen. Ich hoffe, Sie gewinnen neue Erkenntnisse und freuen sich an den fabelhaften Fotos und an den phantasievollen Illustrationen von Christoph Niemann.

Viel Vergnügen und Tatkraft wünscht

Ihr
JOCHEN SCHILDT, Chefredakteur Greenpeace Magazin

Tu was!

INHALT

77 Tipps für eine bessere Welt

Lassen Sie sich nicht lumpen

TU WAS TIPP

01

An der Wäscheleine würden sie dreizehnmal um den Äquator reichen: 645 Millionen tragbare Textilien rangieren die Deutschen jedes Jahr aus. Meist landen sie im Altkleidercontainer, aber es gibt bessere Wege, Ihren guten Stücken ein zweites Leben zu verleihen: Spenden Sie gezielt karitativen Organisationen! Bereichern Sie das Sortiment im Second-Hand-Laden! Oder organisieren Sie eine Tauschparty!

Auskunft zur Seriosität einer Sammlerorganisation bietet: www.dzi.de

Fakten zum Altkleidermarkt: www.fairwertung.de

Soziale Projekte mit Second-Hand-Angebot – eine bundesweite Auswahl: www.sozialprojekte.de/projekte/second-hand-kleidung

Mehr Demokratie wagen

TU WAS TIPP
02

Vergessen Sie alle Klischees über langweilige Debatten und besuchen Sie die örtliche Mitgliedersitzung einer Partei Ihrer Wahl. Und dann mischen Sie sich ein und kämpfen für Vernunft und Fortschritt! Informationen gibt's auf den Internetseiten der Parteien. In regionalen Tageszeitungen stehen Hinweise auf Veranstaltungen und Versammlungen.

Tragen Sie Biobaumwolle

TU WAS TIPP

03

Wer bei Ökomode an Batikhemden und Latzhosen denkt, liegt falsch: Es gibt längst schöne Kleidung, frei von Kunstdünger, Pestiziden und sonstigen Chemikalien, nicht nur für Babys. Tipp: Tauschen Sie zuerst aus, was Ihnen am nächsten ist: Unterwäsche und T-Shirts!

MEHR INFOS

Das „Pestizid Aktions-Netzwerk“ bietet Hintergründe zu Pestiziden und Baumwolle: www.pan-germany.org

BIOLOGISCH
ANGEBAUT

Bleiben Sie auf dem Boden

TU WAS TIPP

04

Ob Ferien- oder Geschäftsreise – jeder Flug ist eine extreme Klimabelastung. Zumindest auf Kurzstrecken sollten Sie deshalb stets die Bahn benutzen. Und bei unvermeidlichen Langstreckenflügen lässt sich der Schaden mildern: mit Spenden an Klimaschutzprojekte.

MEHR INFOS

Hier können Sie die Treibhausgas-Emissionen pro Flug ermitteln und den Klimaschaden per Spende „ausgleichen". Mit dem Geld werden erneuerbare Energien oder Energiesparprojekte in Entwicklungsländern finanziert. www.atmosfair.de

An die Tafel

TU WAS TIPP

05

Was gibt es Schöneres als zusammen zu essen und dabei neue Leute kennenzulernen?

In Paris, San Francisco und seit kurzem auch in Hamburg setzen Menschen diese Idee im großen Stil um. An einem Tag im Sommer laden sie zum gemeinsamen Essen an einer langen Tafel auf der Straße ein. Jeder bringt einen Tisch, Stühle und etwas zu essen mit – und schon kann das Fest beginnen. Organisieren auch Sie in Ihrer Stadt ein öffentliches Dinner. Im Vorfeld müssen Sie lediglich beim zuständigen Amt die Sperrung der Straße beantragen und in der Nachbarschaft den Termin bekanntmachen. Wir drücken die Daumen für gutes Wetter!

Drei, zwei, eins, null – umschalten

TU WAS TIPP

06

Nie war es leichter (und günstiger), Atom- und Kohlekraftwerke auszuknipsen und das Klima zu schonen. Ein Anruf oder ein paar Klicks – und schon haben Sie Ökostrom.

P.S.: Die Musiker Schorsch Kamerun und Rocko Schamoni sind echte Vorbilder: In ihrem legendären Golden Pudel Club in Hamburg treibt sauberer Strom den Plattenteller an!

MEHR INFOS

Bundesweite Ökostrom-Anbieter, die ausschließlich grünen Strom liefern:

Greenpeace energy, www.greenpeace-energy.de

Elektrizitätswerke Schönau, www.ews-schoenau.de

Naturstrom, www.naturstrom.de

Lichtblick, www.lichtblick.de

Anleitung zum Stromwechsel: www.atomausstieg-selber-machen.de

63A
500V~
B.O.A

Willkommen!

TU WAS TIPP

07

Helfen Sie mit, Flüchtlingen in unserem Land ein menschenwürdiges Leben zu ermöglichen. Jeder kann einen Beitrag dazu leisten – hier einige Vorschläge:

Fordern Sie die Bundesregierung auf, Kriegs- und Klimaflüchtlinge aufzunehmen und Abschiebungen in Länder zu stoppen, in denen die Menschen von Folter, Verfolgung und Krieg bedroht sind. Richten Sie diesen Appell an:

Bundeskanzleramt
Bundeskanzlerin Angela Merkel
Willy-Brandt-Straße 1
10557 Berlin

Es gibt viele Möglichkeiten, sich für Menschen einzusetzen, denen die Abschiebung droht – schauen Sie mal bei:

www.pro-asyl.de
www.aktivgegenabschiebung.de
www.amnesty.de

Aktion „Ferien vom Krieg" – Ferienpatenschaften für Kinder und Jugendliche aus Kriegsgebieten:

www.grundrechtekomitee.de

Vormundschaften für minderjährige Flüchtlinge:

Bundesfachverband Unbegleitete Flüchtlinge e.V.
www.b-umf.de

Amnesty International und die Stiftung Lesen haben das bundesweite Schulprojekt „Wissen gegen Willkür“ initiiert:

www.wissengegenwillkuer.de

www.anti-rassismus-training.de

Die Ausstellung „Auf gepackten Koffern – Leben in der Abschiebehaft“ ist auszuleihen beim Flüchtlingsrat Berlin:

www.fluechtlingsrat-berlin.de/abschiebehaft.php

Lassen Sie's verrotten

TU WAS TIPP

08

Wenn sich das Laub verfärbt, verdorrt und zerfällt, hat die Natur ihr Jahreswerk vollbracht. Lassen Sie Ihre Küchenreste an diesem ewigen Kreislauf teilhaben! Mit einem Komposthaufen in einem schattigen Winkel Ihres Gartens, in einer Vermikultur auf dem Balkon – oder sogar in der Küche. Die eigene Recyclingfabrik liefert dann den besten Dünger für Ihre Pflanzen!

MEHR INFOS

www.wurmkisten.de

www.biozac.de/biozac/biogart/kompost.htm

Buchtipp:
Robert Sulzberger: Kompost, Erde, Düngung.
BLV 2003, 95 Seiten

Werden Sie Filmvorführer

TU WAS TIPP

09

Viele sehenswerte Dokumentarfilme hätten ein großes Publikum verdient. Doch oft sind diese Low-Budget-Produktionen gar nicht oder nur an wenigen Tagen im Kino zu sehen. Das können Sie ändern: Zeigen Sie in Ihrem Garten oder in Ihrem Wohnzimmer einen Film.

Alles, was Sie dafür brauchen, sind die DVD, ein Computer, ein Fernsehgerät oder – falls Sie den Film beispielsweise im Gemeindezentrum, in einer größeren Halle oder draußen präsentieren wollen – ein Beamer.

Entscheiden Sie sich zum Beispiel für „Strahlendes Klima" (ein Streifen über den Uranabbau), „Das Schönauer Gefühl" (ein Porträt über die Stromrebellen aus dem Schwarzwald), für den britischen Film „The Age of Stupid" (eine Zukunftsvision, die für den Klimaschutz mobilisiert) oder für den Film „Das Herz von Jenin" über Ismail Khatib, der die Organe seines von israelischen Soldaten erschossenen Sohnes an israelische Kinder spendete.

CASINO

Fahr Bahn

TU WAS TIPP

10

Steigen Sie ein! Lehnen Sie sich zurück! Entspannen Sie sich – auch bei ein paar Minuten Verspätung (denken Sie an den Autobahnstau)! Lesen Sie ein Buch! Träumen Sie! Beobachten Sie die anderen Leute! Essen Sie etwas! Lassen Sie Ihren Blick über die Landschaft schweifen, über Dörfer und Städte! Erfreuen Sie sich an dem Gedanken, im umweltfreundlichsten Verkehrsmittel zu sitzen! Und im sichersten! Kurz: Im besten!

MEHR INFOS

www.bahn.de
www.probahn.de

Retten Sie die Zahnradtomate

TU WAS TIPP

11

Auch Zuckertraube, Berner Rose, Gelbe Dattelweintomate oder die Vierländer Krause gehören zu den fast vergessenen Tomatensorten.
Egal, ob Sie nun Gemüse, Kräuter oder ausgefallene Blumen pflanzen – verwenden Sie gentechnikfreies, ökologisches Saatgut aus regionaler Zucht.
Die Stecklinge können Sie mit anderen Hobbygärtnern tauschen und dann nächstes Jahr Ihr eigenes Bio-Saatgut heranziehen.

MEHR INFOS

Öko-zertifiziertes Saatgut, auch in Kleinportionen, findet man unter www.dreschflegel-saatgut.de

Hallo Nachbar

TU WAS TIPP
12

Wissen Sie eigentlich, wer eine Etage höher wohnt? Oder ein paar Reihenhäuser weiter?
Stellen Sie sich mal vor, dort wohnen richtig nette Leute, und Sie wissen nichts davon! Stellen Sie sich mal vor, dass Sie dort auf neue Ideen kommen und andere Kulturen entdecken könnten! Stellen Sie sich mal vor, dass Sie nur mal schnell ein Ei brauchen, und es macht Ihnen keiner auf, weil man Sie für einen Vertreter hält!
Stellen Sie sich also mal vor – bei Ihren Nachbarn!

Vorlesen...

TU WAS TIPP

13

... weckt die Leselust bei Kindern. Und Lesen regt die Phantasie an. Lesen lockt und verführt. Lesen macht furchtlos und selbstsicher. Deshalb lohnt sich jede Stunde, die Sie Kindern laut vorlesen.

MEHR INFOS

Wollen Sie Kindern vorlesen? www.deutschland-liest-vor.de

T. A. Barron

Der Zauber von Avalon

In einer dunklen Nacht

Aus den Klippen brach ein Feuerstoß und schoss in die Dunkelheit wie ein zorniger Drache. Dann in weiterer. Und noch einer. Überall auf den Klippen, ie zu den höchsten in Feuerwurzel gehörten, schossen euerzungen empor, leckten Luft und verschwanden inter Schleiern aus Asche und Rauch. Faulig wie chwefeleier, schwärzer als selbst die schwarzen Felsen eines ebirgskamms, wirbelte der dicke Rauch unter den lippen und quoll aus Spalten. Feuerpflanzen, geformt ie Ghulenhände, flackerten seltsam, während sie glühen- e Finger nach allem ausstreckten, das sich bewegte.

Doch nichts auf den Klippen bewegte sich. Nichts ußer Rauch und Asche und fauchenden Flammen. ichts...außer zwei schattenhaften Gestalten, die unent- egt höher stiegen.

Es war Nacht und die beiden Gestalten, zwei stämmige länner, wussten genau, dass Finsternis zusätzliche efahren mit sich brachte. Doch diese besondere Nacht ar nur von den unablässigen Feuern auf den Klippen nterbrochen worden. Denn es war das Jahr der unkelheit – eine Zeit, gefürchtet seit der berüchtigten rophezeiung der Herrin vom See, nach der alle Sterne valons erlöschen und ein ganzes Jahr lang dunkel blei- en würden.

„Aaau!"

TU WAS TIPP 14

Zehntausend Schritte...

... am Tag und Sie bleiben fit, fühlen sich wohl und beugen Übergewicht und Krankheiten vor. Also: Gehen Sie spazieren – eine halbe Stunde bringt 3000 Schritte. Laufen Sie zum Bäcker! Steigen Sie eine Bushaltestelle früher aus!
Und lassen Sie den Fahrstuhl stehen – das spart, wenn man im vierten Stock wohnt, auch noch 1000 Kilowattstunden Strom im Jahr.

MEHR INFOS

Falls Sie sich alleine nicht aufraffen können und gern mit dem Trend gehen: Suchen Sie sich eine Walking-Gruppe!
www.zehntausendschritte.de

Schmeißen Sie kein Essen weg

TU WAS TIPP

15

Fast die Hälfte aller Lebensmittel weltweit landet nach der Produktion einfach in der Mülltonne. Allein die Deutschen werfen im Jahr Essen im Wert von mehreren Milliarden Euro weg. Vielleicht hat man zu viel eingekauft. Dagegen hilft: Erstens immer einen Einkaufszettel schreiben, zweitens nie hungrig einkaufen gehen. Oder das Mindesthaltbarkeitsdatum ist abgelaufen. Das aber dient nur zur Orientierung, das Produkt ist dann nicht sofort schlecht. Wenn es nicht bedenklich aussieht, riecht, schmeckt oder sich anfühlt, kann es noch verzehrt werden.

Reste lassen sich häufig noch für köstliche Gerichte verwenden: Aus den verschmähten Pellkartoffeln wird ein leckeres Süppchen. Und die trockenen Croissants veredeln jeden süßen Auflauf. Lassen Sie's sich schmecken!

MEHR INFOS

Zum Mindesthaltbarkeitsdatum:
www.qualitaetssiegel.net, Suchwort: Mindesthaltbarkeitsdatum

Zur Resteverwertung:
www.vzbv.de/ratgeber/Restekueche.html

Buchtipp: Patrik Jaros, Nichts Wegwerfen Kochbuch, Parragon Verlag, 2007

Geben Sie der Sonne Kredit

TU WAS TIPP 16

Altersvorsorge muss sein. Die Hälfte der Deutschen sorgt bereits privat vor. Doch was mit den Beiträgen passiert, entscheiden die Versicherungsunternehmen. So stecken viele ihr Geld nichtsahnend in Atom- und Kohlekraftwerke oder in Rüstungsbetriebe. Und Bank- oder Versicherungsberater versuchen gern, den Kunden Öko-Geldanlagen auszureden und stattdessen die eigenen Standardprodukte aufzuschwatzen. Deshalb lautet die Devise: hartnäckig bleiben!

Zum Glück gibt es heute viele Möglichkeiten, nachhaltig Geld fürs Alter anzusparen – ob mit betrieblicher Altersvorsorge, privater Rentenversicherung oder Riester-Rente. Wer dann noch etwas übrig hat, kann über riskantere Anlageformen nachdenken: Ökofonds mit Wind- und Solaraktien oder Fonds mit Aktien herkömmlicher Firmen, die in ihrer Branche Vorreiter im Umweltschutz sind, werfen oft erstklassige Renditen ab.

MEHR INFOS

Einen Überblick über nachhaltige Altersvorsorgeprodukte bekommt man hier:
www.ecotopten.de/prod_vorsorge_prod.php

Anleger, die bereits etwas von Investment verstehen, finden umfassende Informationen bei:
www.ecoreporter.de (nur zum Teil gratis zugänglich)
www.nachhaltiges-investment.org

Gut Holz

TU WAS TIPP

17

Holz sieht gut aus und isoliert gut, es fühlt sich gut an und lässt sich gut bearbeiten, es ist stabil und gut fürs Raumklima – also der perfekte Bau- und Werkstoff, der zudem beim Wachsen der Atmosphäre CO_2 entzieht. Was auch immer Sie damit anfangen: Kaufen Sie Holz am besten aus deutschen Forsten. Dann tragen Sie auch nicht zur Urwaldzerstörung bei.

MEHR INFOS

Nehmen Sie den Ratgeber des Greenpeace Magazins mit zum Holzkauf: www.greenpeace-magazin.de/warenhaus

Auskunft über das FSC-Siegel für Urwaldschutz und nachhaltige Forstwirtschaft: www.fsc-deutschland.de

Unterm Pflaster liegt der Garten

TU WAS TIPP

18

Verwandeln Sie die öden Flecken um die Straßenbäume vor Ihrer Tür in kleine Blumengärten. Das macht Fußgängern und Radlern gute Laune, lockt nette Insekten an und kann sogar Feinstaub aus der Luft filtern. Für Fortgeschrittene: Auch Verkehrsinseln sind geeignet!

MEHR INFOS

Garten- und Tiefbauämter geben in der Regel Infos zu Patenschaften

Schaffen Sie Ihr Auto ab

TU WAS TIPP

19

Sie brauchen noch Gründe dafür? Bitte sehr: Es lärmt, stinkt, beansprucht viel Platz und schadet dem Klima. Die meiste Zeit steht es unbenutzt herum. Außerdem kommen Sie damit nicht unbedingt schneller ans Ziel – bei Strecken bis zu vier Kilometern ist das Fahrrad meist schneller, auf Langstrecken Intercity oder ICE. Und wenn Sie sich die nicht unbeträchtlichen Kosten für Anschaffung, Steuer, Versicherung, Reparaturen und Benzin sparen, ist zum Beispiel auch ab und zu ein Mietwagen oder ein Taxi drin.

MEHR INFOS

Wenn Ihr Weg zur Arbeit mit Fahrrad oder öffentlichem Nahverkehr zu weit oder zu mühselig ist, bilden Sie Fahrgemeinschaften:
www.fahrgemeinschaft.de
www.pendlernetz.de

Auch für weitere Reisen ist ein eigener fahrbarer Untersatz entbehrlich: www.mitfahrzentrale.de
Wer nur ab und zu ein Auto braucht, ist mit den Carsharing-Angeboten, die es heute in zahlreichen Städten gibt, gut bedient: www.carsharing.de

Teilen Sie Ihre Lektüre

TU WAS TIPP

20

Wohin mit dem ausgelesenen Buch? Fürs Altpapier oder zum Verstauben im Regal ist es zu schade. In mehreren deutschen Städten, etwa in Mainz, Bonn oder Hannover, kann man es eintauschen. Ehemalige Strom-Verteilerkästen oder ausrangierte Telefonzellen dienen als öffentliche Bücherschränke. Dort kann jeder Gelesenes einstellen und noch unbekannte Romane oder Krimis entnehmen.
Die Idee funktioniert auch ohne festen Standort: Lassen Sie Ihr Buch einfach an gut besuchten Orten liegen – in der U-Bahn, im Café oder im Hotel. Es wird garantiert einen neuen Leser finden.

MEHR INFOS

Auf www.bookcrossing.com können Sie den Weg Ihrer Lektüre verfolgen. Fast 900.000 Menschen in über 130 Ländern machen bereits mit. Wann schicken Sie Ihr erstes Buch auf die Reise?

Viele Köche verbessern den Brei

TU WAS TIPP

21

Laden Sie Ihre Freunde zum Essen ein! Und vor allem: Kochen Sie gemeinsam! Das ist nicht nur ein sinnliches Vergnügen, sondern lässt den Alltagsstress vergessen und bringt Sie wieder ins Gleichgewicht. Und wenn Sie in froher Runde schnippeln, brutzeln und schlemmen, schlagen Sie nebenbei noch der Lebensmittelindustrie ein Schnippchen: Genuss statt Fertigkost, gute Gespräche statt TV-Dinner!

MEHR INFOS

„Slow Food" will den Genuss, die Vielfalt und Qualität von Lebensmitteln fördern und veranstaltet auch in Deutschland regionale Märkte und Feinschmecker-Treffen: www.slowfood.de

Kochbücher aus aller Welt, auch antiquarisch, finden Sie bei www.buchgourmet.de

Singen Sie ein kurzes Lied unter der Dusche

TU WAS TIPP

22

Das steigert nicht nur die Laune, sondern spart auch Wasser, dazu Energie und Geld – jedenfalls, wenn Sie mit dem Lied auch das Duschen beenden. Ach ja, es soll noch Leute geben, die beim Zähneputzen das Wasser laufen lassen ...

MEHR INFOS

„Ohne Wasser läuft nix" - Die Broschüre für Kinder ist zu bestellen unter: www.umweltbundesamt.de

Die Wasserstiftung setzt sich weltweit für Trinkwasserprojekte in Entwicklungsländern ein. Schirmherr ist der Dalai Lama: www.wasserstiftung.de

Bieten Sie Schutz vor rechter Gewalt

TU WAS TIPP

23

Wie? Greifen Sie ein, wenn Sie einen Angriff bemerken! Oder rufen Sie zumindest die Polizei und halten Sie sich für eine Zeugenaussage bereit! Bereits vorbeugend wirkt die „Aktion Noteingang“: Ein Aufkleber kennzeichnet Orte, die bei einem Überfall Schutz bieten. Das hilft, auch wenn es nie zu einem Angriff kommt. Mögliche Opfer fühlen sich sicherer, potenzielle Täter werden abgeschreckt. Und der öffentliche Raum, den Neonazi-Cliquen gern okkupieren („National befreite Zonen“), ist eindeutig als nicht-rechts markiert.

MEHR INFOS

www.mut-gegen-rechte-gewalt.de
www.amadeu-antonio-stiftung.de

Ferien vom Motor

TU WAS TIPP

24

Das große Erholungs-Paradox ist vermeidbar: Um die Natur zu erleben, muss man sie nicht mit Lärm und Abgasen quälen. Denn Urlaub kann man auch prima mit Fahrrad oder Wanderschuhen machen. Oder mit Kanu, Kajak, Segelboot, Langlaufskiern ...

MEHR INFOS

Radtouren: Tipps und Vorschläge sowie Infos über Radfernwege: www.adfc.de
Wanderurlaub: Routen in ganz Deutschland und regionale Wanderportale: www.wanderbares-deutschland.de
Bergwandern: Der Alpenverein ist längst auch als Naturschutzverband anerkannt: www.alpenverein.de
Kanu, Kajak und Co.: Alles übers „Paddeln" beim Deutschen Kanu-Verband: www.kanu.de
Segeln: Infos zu Schulen und Scheinen sowie zum Thema „Segeln und Umwelt" beim Deutschen Segler-Verband: www.dsv.org
Gruppenreisen mit Fahrrad, Kanu, Segelboot oder Wanderschuhen bietet der Reiseveranstalter Natours: www.natours.de
Natur-Reiseziele und Nationalparks, die gut mit der Bahn zu erreichen sind: www.fahrtziel-natur.de

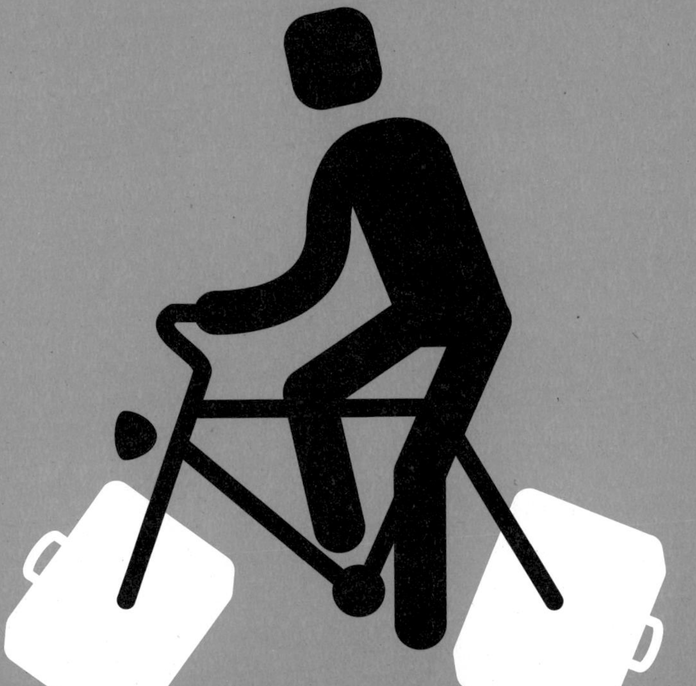

Bastelt!

TU WAS TIPP

25

Nichts fördert die Feinmotorik von Kinderhänden besser, als etwas aus Papier zu falten. Es muss ja nicht gleich ein Origami-Kunstwerk sein. Wie wär's mit einem Papierflieger? Basteln können Sie natürlich auch mit Ton, Glas, Pappe, Perlen oder Stoffen. Nichts wegwerfen! Selbst aus Resten – ob Fäden, Flaschen oder Filz – lässt sich noch etwas Schönes schaffen!

Wie man sich bettet

TU WAS TIPP

26

Wer guten Gewissens schlafen möchte, sollte sich nicht mit Daunen wärmen. Denn die flauschigen Federn könnten lebenden Gänsen vom Leib gerissen worden sein.
In der EU ist diese tierquälerische Praxis zwar verboten, in Osteuropa aber ist sie noch gängig. Von dort gelangen die Daunen aus „Lebendrupf" auch auf den deutschen Markt. Mit versteckter Kamera hat die Tierschutzorganisation „Vier Pfoten" auf einer ungarischen Gänsefarm gefilmt, wie sogenannte Federbrigaden den Tieren Gefieder samt Hautfetzen ausreißen. Anschließend nähen sie die Wunden, ohne die Vögel zu betäuben. Da es keine verlässlichen Siegel gibt, die „Lebendrupf" ausschließen, empfehlen die Tierschützer, ganz auf Daunenprodukte zu verzichten.
Wolle, Kamelhaar, Pflanzenfasern wie Kapok oder synthetische Füllungen eignen sich für Oberbetten, Kissen oder Winterjacken inzwischen genauso gut wie der Gänseflaum.

MEHR INFOS

www.vier-pfoten.org, Suchwort: Lebendrupf

Alles hat zwei Seiten

TU WAS TIPP

27

... ein Omelett ebenso wie jedes Blatt Papier. Nutzen Sie deshalb beide Seiten! Sollte Ihr Drucker oder Kopierer das wirklich nicht können, verwenden Sie die Rückseiten als Notizzettel, Schmierpapier, Einkaufsliste...

MEHR INFOS

Anschauliche Anleitungen für beidseitiges Drucken:
www.olaf-nensel.de/on/tipps/duplexprint.html

Grüne Zeiten

TU WAS TIPP
28

Kaufen Sie ein vegetarisches Kochbuch und entdecken Sie Vielfalt! Denn wer häufig fleischlos kocht, lebt gesünder und nützt der Umwelt. Die gut 60 Kilogramm Fleisch, die jeder Deutsche im Jahr verspeist, stammen zu 98 Prozent aus Massentierhaltung. Dort werden Vieh und Geflügel nicht nur eng zusammengepfercht, sondern auch die Meere (Fischmehl) und Tropenwälder (Sojaanbau) verfüttert.

MEHR INFOS

www.vegetarierbund.de

Viel Lesenswertes zum Thema „fleischlos glücklich" finden Sie im Greenpeace Magazin 4.10 (Essen spezial)

Buchtipps:

Jonathan Safran Foer: Tiere essen. Kiepenheuer & Witsch, Köln 2010. Auch als Hörbuch – gesprochen von Daniel Brühl

Karen Duve: Anständig essen. Ein Selbstversuch. Galiani, Berlin 2010

Bild dir deine Meinung

TU WAS TIPP 29

Wundern Sie sich auch manchmal darüber, dass jeden Tag exakt so viel passiert, wie in Ihre Zeitung passt? Es passiert natürlich viel mehr – und manchmal will Ihr Lieblingsmedium nichts davon wissen. Objektivität gibt es nicht. Lesen Sie mal in verschiedenen Zeitungen Artikel zum gleichen Thema! Schreiben Sie Leserbriefe und beschweren Sie sich über einseitige Berichterstattung. Suchen Sie alternative Informationsquellen! Und lesen Sie zwischen den Zeilen!

ALTERNATIVE MEDIEN

Telepolis, ein Online-Magazin, beschäftigt sich mit der Informationsgesellschaft und betreibt Medienkritik: www.heise.de/tp

iz3w, das Magazin des Informationszentrums 3. Welt, schreibt über Entwicklungspolitik, Migration, Rassismus: www.iz3w.org

Indymedia steht als internationales Netzwerk von Medienaktivisten für nichtkommerzielle, unabhängige Berichterstattung – lokal und global: www.de.indymedia.org

Bildblog nimmt als „Watchblog“ die Berichterstattung in „Bild“ und anderen Zeitungen unter die Lupe: www.bildblog.de

Außerdem besonders empfehlenswert:
Deutschlandradio bietet mit drei bundesweiten Programmen bestes Informationsradio zu Politik, Kultur und Wissen
Fluter, das Jugend-Magazin der Bundeszentrale für politische Bildung, ist absolut lesenswert und gratis: www.fluter.de
Last not least: Das Greenpeace Magazin bietet erstklassige Reportagen und Berichte zu Umwelt, Wirtschaft und Politik

Rettet die Bienen

TU WAS TIPP

30

Wiesen und Weiden schwinden, in den Städten dominieren blumenlose Grünflächen. Da sich Bienen von Pollen und Nektar ernähren, fällt es ihnen zunehmend schwer, Nahrung zu finden. Nutz- und Wildpflanzen aber sind auf die Blütenbestäubung durch Bienen angewiesen, um Samen und Früchte auszubilden. Bliebe sie aus, wäre die Artenvielfalt im Pflanzen- und Tierreich gefährdet. Helfen Sie das Überleben der Bienen zu sichern, indem Sie im Garten, auf dem Balkon oder auf der Fensterbank „Bienenmenü" anbauen, eine Saatgutmischung aus Phacelia, Buchweizen, Kornblume, Ringelblume, Borretsch und Dill. Adoptieren Sie ein paar Bienen und leisten Sie damit einen Beitrag zur Forschungsarbeit für artgerechte Bienenhaltung. Oder werden Sie Hobbyimker.

MEHR INFOS

„Bienenmenü" gibt's unter:
www.greenpeace-magazin.de/warenhaus

Infos zur Patenschaft:
www.beegood.de

Infos für Hobbyimker:
www.imkerblog.de
www.stadtimker.de

Fair handeln

TU WAS TIPP
31

Eine Tasse fairer Kaffee kostet ganze zwei bis drei Cent mehr als anderer. Und was Sie dafür alles bekommen: Glückliche Kleinbauern, denn ihnen werden angemessene Löhne gezahlt und eine medizinische Versorgung garantiert. Lachende Kinder, denn sie gehen zur Schule statt zur Arbeit. Möglicherweise weinende Zwischenhändler, denn die streichen keinen Profit mehr ein. Genießen Sie das Fairwöhnaroma – bei jeder Tasse Kaffee und anderen Produkten aus fairem Handel!

MEHR INFOS

www.transfair.org
www.weltladen.de
www.oxfam.org/en/campaigns/trade
www.dervolltreffer.de/back-to-source

Jutes statt Plastik

TU WAS TIPP

32

Bangladesch ging mit gutem Beispiel voran: Als erstes Land der Welt hat es im Jahr 2002 Plastiktüten verboten, sie verstopften beim Monsunregen die Kanalisation. Es folgten Papua-Neuguinea, Ruanda und Tansania. Jetzt sind die Industrieländer dran: In Frankreich und Italien sind bereits Verbote in Kraft. Auch Irland, Großbritannien, Australien und Neuseeland haben den Kunststoffbeuteln den Kampf angesagt. Die EU denkt über ein europaweites Verbot nach. Greifen Sie der Politik vor – greifen Sie zur guten alten Jutetasche, zum Baumwollbeutel oder zum Einkaufskorb!

Mode ohne Verfallsdatum

TU WAS TIPP

33

„Mode ist eine bewusst ausgelöste Epidemie“, pflegte der irische Schriftsteller George Bernard Shaw zu sagen. Lassen Sie sich nicht anstecken! Kaufen Sie lieber zeitlose Kleidung von bester Qualität – echte Lieblingsteile, die mit Ihnen alt werden!

Einer für alle

TU WAS TIPP

34

Ein Rasenmäher kommt selten allein. Heckenschere, Kantenschneider, Rasentrimmer, Vertikutierer, Häcksler – das Gartencenter bietet jede Menge Versuchungen. Und wenn die Gartengeräte Winterpause haben, geht es drinnen weiter. Statistisch gesehen besitzt jeder Deutsche eine Bohrmaschine – und braucht sie zehnmal im Jahr. Es soll sogar Leute geben, die Löcher bohren, um sie anschließend wieder zuzuspachteln, nur damit sich die Anschaffung gelohnt hat. Die Alternative: Werkzeug-Sharing. Also weniger Geräte kaufen (dafür aber hochwertige und langlebige) und die vorhandenen munter verleihen.

Für alle Fälle

TU WAS TIPP

35

Elf Minuten dauert es im Schnitt, bis der Notarzt eintrifft. Zeit, in der Sie oft mit wenigen Handgriffen Leben retten können. Wer ein paar Tricks beherrscht, kann von der Atemnot bis zur Verbrennung viele Notfälle meistern. Alle großen Hilfsorganisationen bieten Erste-Hilfe-Kurse an, die nur ein paar Stunden dauern.

MEHR INFOS

Kursangebote finden Sie z.B. hier:
www.drk.de
www.malteser.de
www.asb.de
www.johanniter.de

Für ganz Eilige: Die Erste-Hilfe-Broschüre der Frankfurter Allgemeinen Sonntagszeitung ist in einer halben Stunde gelesen. Legen Sie diese anschließend dorthin, wo sie im Notfall schnell zu finden ist – ins Handschuhfach, in die Handtasche, in die Aktentasche, ins Nachtschränkchen:
www.faz.net/dynamic/download/erstehilfe-net.pdf

Do it yourself

TU WAS TIPP

36

Sie wollen Ihren Lieben nichts von der Stange schenken, keine Massenware präsentieren? Gut so! Schenken Sie etwas mit Liebe und von eigener Hand Gemachtes. Das kommt immer gut an!

MEHR INFOS

Selbstgemachtes online kaufen oder verkaufen:
www.dawanda.de
www.etsy.de

Hering statt Scholle

TU WAS TIPP 37

Keine Frage, Fisch ist gesund und schmeckt, doch leider sind drei Viertel der EU-Bestände überfischt. Für Heringe und Makrelen gilt das nicht: Es schwimmen noch genug von ihnen im Meer, und den Fischern geht kaum ungewollter Beifang ins Netz. Ganz anders sieht es bei Scholle, Kabeljau und vielen anderen Arten aus. Also: Genießen Sie Fisch in Maßen – und informieren Sie sich! Auf der Packung sollte heute stets Auskunft über Fanggebiete und -methoden gegeben werden. Followfish-Produkte (siehe unten) lassen sich über einen Code auf der Verpackung sogar bis zum Kutter zurückverfolgen. „Nachhaltigkeitssiegel" bieten Orientierungshilfe beim Einkauf, allerdings ist auf sie kein hundertprozentiger Verlass. Mehr Informationen bieten die Einkaufsratgeber, die Greenpeace und andere NGOs regelmäßig veröffentlichen.

FISCH IM NETZ

www.greenpeace.de
www.followfish.de
www.msc.org/de
www.friendofthesea.org/de
http://fischbestaende.portal-fischerei.de

Genießen Sie die Stille

TU WAS TIPP
38

p s s

Waren Sie mal im Herbst im Hochgebirge? An einem windstillen Tag? Kein Laut ist da zu vernehmen, selbst die sonst glucksenden Bäche sind versiegt und schweigen. Aber so viel Aufwand müssen Sie gar nicht betreiben, um einen wirklich ruhigen Ort zum Innehalten zu finden. Vielleicht entdecken Sie ihn morgens im Park. Oder in einer Kirche. In einer Bibliothek. Suchen Sie diesen Ort – und halten Sie dort einen Moment lang den Atem an.

s t t

Wechseln Sie Ihre Bank

TU WAS TIPP

39

Wer mit seinen Ersparnissen weder Atomkraftbetreiber noch Waffenhersteller oder Gentechnikkonzerne unterstützen will, sollte sein Geld einer ethischen Bank anvertrauen. Dazu gehören zum Beispiel die EthikBank, die Umweltbank sowie die „Gemeinschaftsbank für Leihen und Schenken" (GLS). Sie bieten attraktive Zinsen und ein gutes Gewissen: Bei der EthikBank kann man einen Teil der Zinsen direkt einem Förderprojekt zufließen lassen. Die Umweltbank hat bis 2010 bereits über 14.000 Umweltvorhaben unterstützt. Und bei der GLS Bank kann jeder Kunde aussuchen, ob das angelegte Geld zum Beispiel regenerative Energien, freie Schulen oder ökologische Landwirtschaft fördern soll.

GLS und EthikBank bieten inzwischen auch Girokonten an, die man bequem online führen kann, bei der GLS geht das auch telefonisch oder schriftlich.

MEHR INFOS

www.gls.de
www.umweltbank.de
www.ethikbank.de

Das Glück liegt auf der Straße

TU WAS TIPP

40

Haben Sie gut erhaltene Möbel über? Geschirr, Elektrogeräte oder vielleicht ein Kuscheltier? Aber keine Zeit, um sich auf den Flohmarkt zu stellen? Eine Ebay-Versteigerung zu organisieren, ist auch nicht Ihr Ding? Dann stellen Sie die Sachen, aber nur wirklich Schönes und Gutes, doch einfach an die Straße – so findet es auf kürzestem Weg dankbare Abnehmer.

Wenn Sie Altgedientes und gut Erhaltenes an die Straße stellen, kennzeichnen Sie es deutlich als „zu verschenken“. Und, ganz wichtig: Wenn es nach drei Tagen nicht weg ist, holen Sie es wieder rein!

MEHR INFOS

Regionale Verschenkbörsen im Internet:
www.de.freecycle.org
www.alles-und-umsonst.de

ZUM
MITNEHMEN

Sanfte Besserung

TU WAS TIPP

41

Lassen Sie sich nicht bei jedem Zipperlein gleich eine Hammerpille verschreiben, versuchen Sie's lieber erst mal mit den Heilkräften der Natur und den bewährten Hausmitteln. Bei Fieber hilft zum Beispiel der gute alte Wadenwickel, bei Muskelschmerzen ein Arnika-Wundtuch und bei Erkältungen ein Kamillen-Dampfbad, ein wohltemperiertes Fichtennadelbad oder ein schöner Heilkräutertee. Mit einem alternativ bestückten Erste-Hilfe-Schrank tun Sie sich was Gutes – und schlagen der Pharmaindustrie ein Schnippchen. Fragen Sie im Bioladen oder in der Apotheke nach Produkten aus biologischem Anbau. Und wenn es Sie erwischt hat: Lassen Sie es ruhig angehen, vermeiden Sie Anstrengungen und nehmen Sie sich ausreichend Zeit für die Genesung – das hilft garantiert und kostet überhaupt nichts!

MEHR INFOS

Buchtipps:

Katja Alves, Steffen Mackert: Gesundheit! Hausmittel, die helfen und heilen. Sanssouci 2008, 176 Seiten

Handbuch der alternativen Heilkunde von A-Z. Kneipp-Verlag 2010, 480 Seiten

Vorhang auf für Ihren Protest

TU WAS TIPP

42

Hand aufs Herz, wann haben Sie zum letzten Mal von Ihrem Recht Gebrauch gemacht, sich friedlich zu versammeln und Ihre Meinung auf der Straße kundzutun? Verdammt lang her? Und Latschdemos sind langweilig? Das muss ja nicht sein! Verwandeln Sie Straßen und Plätze in Protest-Plattformen. Machen Sie Kabarett vor einer Überwachungskamera. Nehmen Sie an Lachparaden in Einkaufsmeilen teil: auslachen statt shoppen. Maskieren Sie sich als grinsender Innenminister. Schmücken Sie Ihren Regenschirm mit politischen Parolen. Organisieren Sie eine Straßenparty und bringen Sie die Verhältnisse zum Tanzen. „Demnächst in diesem Theater" – das kann dann überall sein.

MEHR INFOS

ABC des öffentlichen Widerstands: „go.stop.act! - Die Kunst des kreativen Straßenprotests" von Marc Amann (Hrsg.), 3. Aufl. 2010, Trotzdem Verlag, 240 Seiten. Mehr Infos: www.go-stop-act.de

Viele Links und Infos über Seminare, Aktionen und Performances: www.kreativerstrassenprotest.twoday.net

Die Surveillance Camera Players veranstalten politische Theaterstücke vor Überwachungskameras: www.notbored.org/the-scp.html

Parodien auf militärisches Gehabe und Demos mit charmantem Lächeln: www.clownarmy.org

Das „Theater der Unterdrückten" entstand 1971 in Brasilien. Heute ist es eine weltweite, gewaltfreie und ästhetische Bewegung: www.theatreoftheoppressed.org

Geben & Nehmen

TU WAS TIPP

43

Manche Sachen sind zu schade, um im Keller Staub anzusetzen. Also: raus damit aus den Kisten, Freunde und Nachbarn zum Durchwühlen ihrer Schränke anstiften, alle einladen – und den gehobenen Schatz fröhlich umverteilen. In jeder größeren Stadt gibt es mittlerweile einen oder mehrere Tauschringe, rund 300 sind es bundesweit. Getauscht werden Klavierunterricht gegen Massage, Bügeln gegen Rasenmähen, große gegen kleine Wohnung, Autoreparatur gegen Kinderbett, Stiefel gegen Mantel, Torte gegen Steuererklärung – den geldlosen Geschäften sind (außer durch die Nachfrage) keine Grenzen gesetzt.

MEHR INFOS

www.tauschring.de
www.tauschticket.de
www.kindersache.de, Suchwort: Tauschbörse

Langenscheidts
Sprachführer
Chinesisch
你好

Zimmer frei

TU WAS TIPP

44

Ein Nistkasten findet immer Platz. Ihre Kinder werden begeistert sein, wenn sie sägen, hämmern und schrauben dürfen. Und die Vögel revanchieren sich zum Beispiel, indem sie Mücken fressen.

MEHR INFOS

Detaillierte Bauanleitungen und viele praktische Tipps finden sich unter:
www.nabu.de, Suchwort: Nisthilfen
www.tierundnatur.de/nisthilf.htm

Finden Sie Ihren Lieblingsbuchhändler

TU WAS TIPP

45

Blättern, stöbern, schmökern – den intimsten Zugang in die Welt der Bücher finden Sie in Ihrer Lieblingsbuchhandlung. Lassen Sie sich auf neue Bücher und Autoren aufmerksam machen, Klatsch aus der Literaturszene erzählen und zur nächsten Lesung einladen. Und tragen Sie so dazu bei, dass Ihr Viertel lebendig bleibt – samt seinen vielen kleinen Läden.

Durchblick für Alle

TU WAS TIPP

46

Mehr als die Hälfte aller Deutschen tragen eine Brille. Doch was tun, wenn sich die Sehstärke verändert hat oder man einfach eine neue möchte? Auf jeden Fall nicht wegwerfen!

Die Aktion „Lunettes sans frontières“ (Brillen ohne Grenzen) schickt gebrauchte Brillen und Sonnenbrillen an Sehbehinderte in mehr als 60 Länder der Welt. In 13 Jahren sind so schon mehr als 200.000 Brillen und über 800 Hörgeräte gesammelt worden – Tendenz steigend!

MEHR INFOS

Sehhilfen aller Art an: Dr. Stephan Klaus Kiefer, Aktion: „Lunettes sans frontières / Brillen ohne Grenzen“, Brenderweg 216, D-56070 Koblenz

Mehr Informationen unter www.brillensammelaktion.de

Protest mit der Maus

TU WAS TIPP

47

Politisch aktiv werden in nur fünf Minuten? Das geht! Das Online-Netzwerk Campact organisiert regelmäßig Kampagnen. Zu aktuellen Themen wie z. B. Atomkraft, Agrarpolitik oder Waffenexporte stellt es Informationen zusammen und schlägt Aktionen vor – eine E-Mail an den Bundestag, ein Anruf bei einem Unternehmen, ein Brief an einen Lobbyisten. Also: Melden Sie sich für den Rundbrief an!

MEHR INFOS

Das Online-Netzwerk Campact: www.campact.de

Die internationale Aktionsplattform Avaaz: www.avaaz.org/de

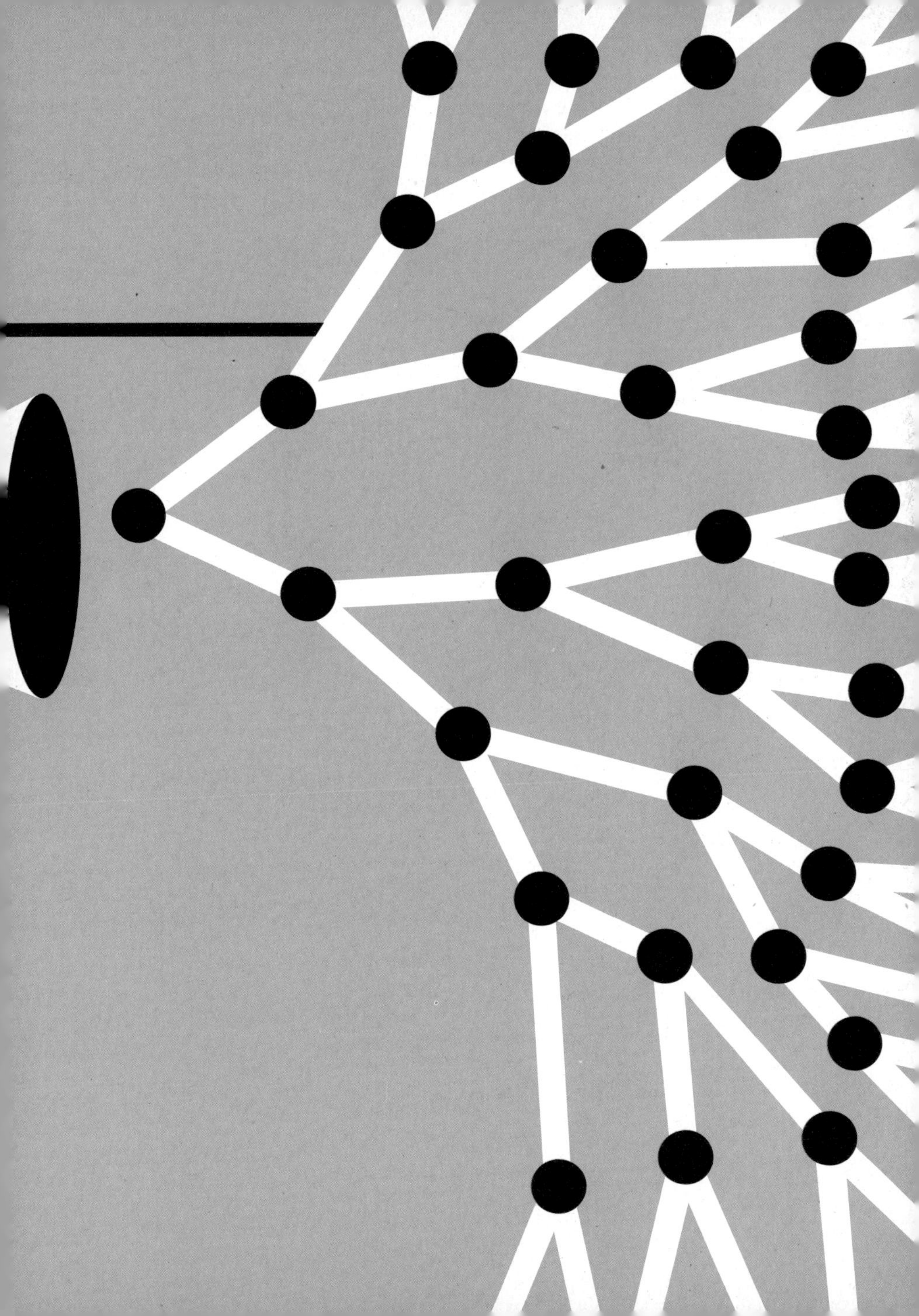

Die Straße lebt

TU WAS TIPP

48

Meist halten ja Autos die Straße fest in Beschlag, und Menschen, die sich kaum kennen, laufen eilig aneinander vorbei. Das können Sie ändern – an einem von 365 Tagen: mit einem Straßenfest! Mit Bratwürsten, Kleinkunst, Kinderspielen, Flohmarkt, Musik... Zu viel Aufwand? Dann fangen Sie doch mit einem Hoffest an. Oder mit einer Treppenhausparty.

Miss Watt

TU WAS TIPP

49

Sie tun ganz harmlos: Ob zu Hause als DVD-Spieler, Fernseher, Stereoanlage oder Halogenlampe, ob im Büro als Computer, Kopierer oder Drucker – viele Geräte geben nur vor, nach dem Abschalten auch wirklich aus zu sein. Dabei treiben sie still und leise im Stand-by-Betrieb ihr Unwesen und klauen ständig Strom! Kosten für einen durchschnittlichen Privathaushalt: rund 85 Euro pro Jahr. Deshalb: Leihen Sie sich ein Strommessgerät aus, entlarven Sie die Stromdiebe – und drehen Sie ihnen den Saft ab!

MEHR INFOS

Die beste Lösung: eine Steckdosenleiste mit Kippschalter. Damit kann man gleich mehrere Geräte vom Netz nehmen.

Strommessgeräte können Sie vielerorts gratis leihen. Eine Suchhilfe und Tipps zum Thema bietet die Aktion No-Energy: www.no-e.de

Erkunden Sie die Nacht

TU WAS TIPP

50

Natürlich weiß jedes Kind, wie ein Baumstumpf, eine Beere oder ein Vogel aussieht – bei Tag. Nachts senkt sich Schatten über alles. Da wird ein Ausflug in einer hellen Mondnacht für Kinder zum spannenden Erlebnis. Eine Nachtwanderung schult auch das Gehör, denn im Dunkeln erscheint alles lauter.

MEHR INFOS

Anleitungen für Kindergärten und Schulen:
www.arbeitsschutz.nibis.de, Suchwort: Nachtwanderung

Gute Nachtwanderungen z.B. mit Fledermaussuche bietet der Naturschutzbund:
www.nabu.de/termine (Suchwort „Nachtwanderung“ oder „Fledermaus“ eingeben)

Blühende Pracht

TU WAS TIPP
51

Machen Sie's wie der Wind, der die Pollen in Nachbars Garten trägt. Tauschen Sie überschüssige Samentüten mit Freunden und Bekannten. Bei richtiger Lagerung hält sich das Saatgut bis zu drei Jahre lang. Natürlich können Sie auch mal den einen oder anderen Ableger über Zaun oder Hecke reichen. So lassen sich Gärten in artenreiche und blühende Landschaften verwandeln – ohne dass es viel kostet.

Leitungswasser trinken

TU WAS TIPP

52

Nichts löscht den Durst so gut wie Wasser. Wer es direkt aus dem Hahn trinkt, tut auch noch der Umwelt etwas Gutes. Erstens werden für Produktion und Transport von Mineralwasser tonnenweise Erdöl ein- und CO_2 freigesetzt. Zweitens ist Trinkwasser das am besten kontrollierte Lebensmittel in Deutschland (nur bei Blei- oder Zinkrohren in Altbauten ist Vorsicht geboten). Drittens schont Leitungswasser den Geldbeutel: Ein Kubikmeter – also 1000 Liter – war 2010 für durchschnittlich 1,65 Euro zu haben.
Dafür kriegen Sie beim billigsten Discounter gerade mal zwölf Liter Mineralwasser.

MEHR INFOS

Lassen Sie Ihr Wasser prüfen:
www.wasser.de
www.umwelt-checks.de
www.inlabo.de

Sag beim Abschied leise Servus

TU WAS TIPP

53

Ob Eierkocher oder Handy, Waschmaschine oder Computer: Seit März 2006 dürfen alte Elektrogeräte nicht mehr in den Müll, sondern müssen auf den Recyclinghof. Der nimmt sie kostenlos an. Denn in den knapp zwei Millionen Tonnen Elektroschrott, die pro Jahr in Deutschland anfallen, stecken nicht nur riesige Mengen an Giften, sondern auch wertvolle Bunt- und Edelmetalle. Und die möchten wir ja gern im neuen Computer wiedersehen.

MEHR INFOS

Soziale Projekte, die Altgeräte recyceln und nach einer Überholung zum Teil wieder verkaufen:
www.sozialprojekte.de

Weitere Initiativen lassen sich per Internet-Suchmaschine mit den Stichwörtern „Computer-Recycling“ und „sozial“ finden

ktroschrott
* Braune Ware
Leergev

Lob der Muße

TU WAS TIPP

54

Allein die Vorstellung, mal eine Weile die Beine hochzulegen, die Augen zu schließen und an nichts zu denken, treibt manchen Menschen den Schweiß auf die Stirn. Von endlos langen To-do-Listen durch die Tage gehetzt, haben viele es mittlerweile verlernt, innezuhalten, zu ruhen und Erlebtes sacken zu lassen. Doch Körper und Geist brauchen schöpferische Pausen. Nehmen Sie sich deshalb immer mal wieder eine kleine Auszeit – lassen Sie die Gedanken schweifen und die Seele baumeln.

Schön sein ohne Leiden

TU WAS TIPP

55

Für Cremes, Lidschatten und Duschgel muss kein Versuchskaninchen mehr leiden – zumindest theoretisch. Seit 2009 dürfen EU-weit keine Pflegeprodukte mehr auf den Markt, für die Tiere sterben mussten. Doch für bestimmte Tests, die außerhalb der EU durchgeführt werden, gilt eine Übergangsregelung: Die getesteten Produkte dürfen noch bis März 2013 in die EU eingeführt werden. Die EU-Kommission erwägt sogar, diesen Termin um zehn Jahre zu verschieben, weil es derzeit angeblich noch keine wissenschaftlich zufriedenstellenden Alternativmethoden gibt. Tierschutzorganisationen laufen Sturm dagegen.

Wenn Sie auf Nummer sicher gehen und zigtausenden Kaninchen, Meerschweinchen, Mäusen und Ratten die Qual im Forschungslabor ersparen wollen, kaufen Sie Naturkosmetik. Das schont nicht nur Versuchstiere, sondern auch Ihre Haut und die Umwelt.

MEHR INFOS

Das Logo „Kontrollierte Naturkosmetik" garantiert, dass pflanzliche Rohstoffe weitgehend aus Bioanbau stammen und Tierversuche verboten sind:
www.kontrollierte-naturkosmetik.de
Der Deutsche Tierschutzbund legt noch strengere Kriterien an:
www.tierschutzbund.de (führt eine Positivliste mit tierversuchsfreien Produkten)
Aktiv gegen Tierqualkosmetik:
www.aerzte-gegen-tierversuche.de

TU WAS TIPP 56

Küssen Sie Ihr Dach wach

1800 Quadratkilometer Dächer schlummern in Deutschland ungenutzt vor sich hin, obwohl man auf ihnen die Kraft der Sonne einfangen könnte. Ein Drittel unseres Energiebedarfs ließe sich so decken, und Geld können Hausbesitzer damit auch noch verdienen. Zwar sinkt die Förderung, aber zugleich werden Solaranlagen immer billiger. Mitmachen kann auch, wer kein Haus besitzt, aber etwas Geld übrig hat: Steigen Sie doch bei einer Bürger-Solaranlage oder einem Bürger-Windpark ein!

MEHR

Zur Technik und Förderung erneuerbarer Energien:
www.solarserver.de www.kfw.de
Energieversorger und Kommunen geben ebenfalls Auskunft.
Zu Bürgerkraftwerken:
www.buerger-kraftwerke.de www.solarverein-berlin.de

Werden Sie Organspender

TU WAS TIPP

57

Nach Ihrem Tod kann Ihre Leber einem Menschen mit Hepatitis-C ein neues Leben schenken, Ihre Niere einem Dialysepatienten die Blutwäsche ersparen. Ärzte können mittlerweile fast alle wichtigen Organe und Gewebe verpflanzen – sogar Ihre drei Gehörknöchelchen. Rund 12.000 Deutsche hoffen derzeit auf ein Ersatzorgan. Doch im Jahr 2010 wurden nur 4295 gespendet. Besorgen Sie sich einen Organspendeausweis!

MEHR INFOS

Bundeszentrale für gesundheitliche Aufklärung,
Infotelefon Organspende: 0800/9040400
www.bzga.de
www.organspende-info.de

Deutsche Stiftung Organtransplantation: www.dso.de

Geschenkt

TU WAS TIPP

58

Verhelfen Sie Ihrem schönen Fotokalender vom vergangenen Jahr zu einer zweiten Karriere: Die Monatsposter eignen sich bestens, um Geschenke für Freunde zu verpacken. Dafür heimsen Sie sicher anerkennenden Beifall für Ihre Kreativität ein – und retten ganz nebenbei Bäume. Nach dem Auspacken wandern die Kalenderblätter ins Altpapier und werden wiederverwendet.

Sollten Sie doch mal neues Geschenkpapier brauchen, achten Sie auf das Umweltzeichen „Blauer Engel" und fragen Sie die Verkäufer nach Rollen oder Bögen aus Recyclingpapier. Obwohl deren Herstellung technisch überhaupt kein Problem ist, muss man Glück haben, Recycling-Geschenkpapier zu finden – es ist in Deutschland Mangelware.

MEHR ZUM THEMA

www.treffpunkt-recyclingpapier.de

Einzug der Hühner

TU WAS TIPP

59

Fleischfresser sind Klimakiller – das gilt nicht nur für Menschen, sondern auch für Haustiere. Neuseeländische Wissenschaftler haben den ökologischen Fußabdruck von Hunden berechnet: Ein Cockerspaniel, der pro Jahr rund 164 Kilogramm Fleisch frisst, ist demnach fürs Klima genauso schädlich wie zwei Geländewagen. Denn bei der Produktion von Hundefutter entstehen riesige Mengen Treibhausgase. Wenn Sie sich also unbedingt Tiere anschaffen wollen – wie wär's denn dann mit ein paar Hühnern? Die legen leckere Eier, vertilgen Essensreste und auch sie beglücken Kinder. Sollten Sie keinen Platz für einen Stall haben, könnten Sie ja eine Schule oder einen Kindergarten fürs Federvieh erwärmen.

MEHR INFOS

Das ABC der Hühnerhaltung bietet die Broschüre „Eigene Hühner im eigenen Garten" des Deutschen Tierschutzbüros oder die Seite: www.huehner-info.de

Essig tut es auch

TU WAS TIPP

60

Für einen sauberen Haushalt genügen Seife und Spiritus gegen Fett sowie Essig oder Zitronensäure gegen Kalk. Ihre Großmutter kennt sicherlich noch mehr solcher einfachen Tricks. Viele der 55.000 Wasch- und Reinigungsprodukte aus dem Handel sind ohnehin bloß Turbo-Versionen bewährter Mittel – nur erheblich teurer und schädlicher für Gesundheit und Umwelt. Denn letztlich landen alle Putzmittel im Wasser.

Kaiser
Natron
Wasch
Soda

Mut zur Lücke

TU WAS TIPP

61

Nutzen Sie Brachflächen in den Städten: zum Beispiel als Gemüsegarten, Bolzplatz, Flohmarkt, Bauwagendorf, Festwiese, Kinderbauernhof, Klettergarten, Zelttheater, Abenteuerspielplatz, Ponyhof, Beach Club, BMX-Parcours, Modellautorennbahn, Golfplatz für alle, Nachbarschaftsgarten, Partywiese, Schülergarten, Hundeauslaufplatz, Skipiste, Campingwiese, Open-Air-Kino, Sonnenblumenlabyrinth, interkulturellen Treffpunkt, Konzertbühne, Biergarten, Skaterbahn...

MEHR INFOS

Einen guten Überblick zum Thema und mehr als 400 Links zu Projekten in Deutschland, Österreich und der Schweiz bietet die Basler Website www.zwischennutzung.net

Glotze aus

TU WAS TIPP

62

Drücken Sie die Statistik: Denn jeder Deutsche über 14 Jahren sieht täglich durchschnittlich drei Stunden und 41 Minuten fern. Dagegen hilft ein fernsehfreier Tag pro Woche. Mindestens.

MEHR INFOS

Anregung aus den USA zur fernsehfreien Woche für Kinder: www.screenfreeweek.org

Sagen Sie den Killerpilzen den Kampf an

TU WAS TIPP

63

Heizstrahler erobern Straßencafés, Terrassen und Biergärten. Dieser Boom hat einen gewaltigen Nachteil, die Heizstrahler verschwenden Ressourcen und sind wahre Klimakiller: Bei einer durchschnittlichen Betriebsdauer von 36 Stunden in der Woche setzt ein einziger Strahler bis zu vier Tonnen Kohlendioxid im Jahr frei – so viel wie ein Auto. In einigen deutschen Städten oder Stadtbezirken sind die Heizpilze bereits verboten, andernorts wird heftig über ein Verbot debattiert.

MEHR INFOS

Drehen auch Sie den Killerpilzen den Hahn zu! Fordern Sie von Gastwirten und Baumärkten, auf die klimaschädlichen Strahler zu verzichten!

Dein Fahrrad vermisst Dich

TU WAS TIPP

64

Wollen Sie wirklich so weitermachen wie immer: einsteigen, Gas geben, bremsen, langsam weiterfahren, schon wieder bremsen, im Stau stehen, sich ärgern, einen Parkplatz suchen, sich wieder ärgern, Knöllchen kassieren, sich jetzt erst recht ärgern, zum TÜV müssen, Punkte in Flensburg sammeln?

Oder wollen Sie eigentlich viel lieber: Fahrtwind, Sonne und Regen im Gesicht spüren, Herz, Lunge und Muskulatur (nicht nur die Wadenmuskeln!) trainieren, durch die gleichmäßige Bewegung Glückshormone freisetzen, an Autokolonnen mit schlecht gelaunten Fahrern vorbeiflitzen, keine Zeit mehr mit der Parkplatzsuche vergeuden – und das alles für vergleichsweise wenig Geld?

Es ist gar nicht schwer. Geben Sie sich einen Ruck und schwingen Sie sich auf den Drahtesel!

MEHR INFOS

www.adfc.de

www.vcd.org/vcd_staedtecheck.html

Glückliche Blumen

TU WAS TIPP

65

Sie spenden uns Duft und zieren unsere Wohnung mit den wunderbarsten Farben. Getrübt wird die Freude über Blumen, wenn man weiß, wie zum Beispiel Rosen in Kenia oder Ecuador angebaut werden: Die Arbeiterinnen auf Feldern oder in Gewächshäusern atmen oft Pestizide ein, erhalten Hungerlöhne und dürfen sich nicht gewerkschaftlich organisieren. Verbinden Sie das Schöne mit dem Guten und fragen Sie Ihren Händler nach Blumen ohne soziale und ökologische Schattenseiten, wie sie das FLP-Siegel garantiert. Oder füllen Sie Ihre Vasen mal mit Mohn, Löwenmäulchen oder Rittersporn. Die wachsen auch bei uns.

MEHR INFOS

Hier finden Sie Floristen mit glücklichen Blumen (und Informationen zum FLP-Siegel):
www.fairflowers.de

Zurück zum Sonntagsbraten

TU WAS TIPP

66

Keine Sorge. Sie müssen sich ja nicht gleich wie Albert Einstein, Dustin Hoffman oder Brigitte Bardot ganz von Steak oder Schnitzel verabschieden. Aber weniger Fleisch zu essen, wäre eine gute Idee – zum Wohle der Tiere, Ihrer Gesundheit und des Klimas. Deshalb rufen wir Ihnen an dieser Stelle den guten alten Sonntagsbraten in Erinnerung. Denn wenn Sie sich sechs Tage lang vegetarisch ernähren, dann ist an Sonn- und Feiertagen auch mal richtig gutes Biofleisch drin. Sie werden es genießen und wertschätzen!

Ein guter Dreh

TU WAS TIPP

67

Wenn Sie jeden Tag 28 Cent aus Ihrer Geldbörse klauben, haben Sie am Jahresende ganze 100 Euro zusammen. Ob Sie immer an Weihnachten die Ersparnisse schön eingerollt Ihrem liebsten guten Zweck vermachen oder Ihr Kleingeld zwischendurch in die Spendendose an der Supermarktkasse werfen, egal. Jeder Cent hilft!

MEHR INFOS

Ein seriöses Spendenportal im Internet ist www.helpdirect.org

1 €
0,02 €

Pflanzen Sie einen Baum

TU WAS TIPP

68

Eine Buche speichert in 80 Jahren rund eine Tonne CO_2. Wer einen Garten besitzt, kann jetzt oder im Herbst selbst zur Tat schreiten. Damit das Bäumchen gut gedeiht, sollten Sie sich in einer Baumschule Pflanztipps geben lassen. Aber auch ohne eigenes Grundstück können Sie dem Klima Gutes tun. Fragen Sie Ihren Förster nach Baumpflanzaktionen.

Die Naturschutzorganisation Wikiwoods organisiert welche, zum Beispiel in Berlin. Greenpeace empfiehlt das Bergwaldprojekt, bei dem Sie Bäume pflanzen oder Baumpate werden können. Oder Sie unterstützen die UN-geförderte Aktion der kenianischen Friedensnobelpreisträgerin Wangari Maathai mit einer Baumspende.

MEHR INFOS

www.wikiwoods.org
www.bergwaldprojekt.de
www.unep.org/billiontreecampaign

Rettet die Wälder

TU WAS TIPP

69

Sagen wir mal, Sie brauchen 40 Blatt am Tag. Das macht, wenn Sie 90 Jahre alt werden, mehr als 6500 Rollen Toilettenpapier im Laufe Ihres Lebens – eine knappe Tonne. Wenn Sie Klopapier aus Primärfasern benutzen, fallen dafür im Laufe der Jahre rund zehn Bäume. Wenn Sie dagegen Recycling-Toilettenpapier benutzen, bleiben diese Bäume stehen. Und nun stellen Sie sich den Wald vor, der weiter wachsen kann, wenn Sie auch all Ihre Freunde und Verwandte überzeugen.

MEHR INFOS

www.initiative-papier.de
www.treffpunkt-recyclingpapier.de

Reserve

Mobiles Spenden

TU WAS TIPP
70

In Deutschlands Schubladen liegen nach Schätzungen zwischen 40 und 120 Millionen ausgediente Handys. Weil sie giftige Substanzen enthalten, gehören sie nicht in den Müll. Andererseits stecken in ihnen wertvolle Rohstoffe, zum Beispiel Edelmetalle wie Gold, Silber, Kupfer und Palladium. Um zwei Fliegen mit einer Klappe zu schlagen, kooperieren einige Umwelt- und Hilfsorganisationen mit Telefonanbietern.

Pro Handy, das zum fachgerechten Recycling eingesandt wird, bekommen die Vereine eine Spende von drei bis fünf Euro. Auf diese Weise konnte der Naturschutzbund Deutschland bereits einen Fluss renaturieren.

BETEILIGT SIND

Deutsche Umwelthilfe
www.handysfuerdieumwelt.de

Naturschutzbund
www.nabu.de, Suchwort: Handy

Terre des Femmes
http://frauenrechte.de, Suchwort: Handy

Deutsches Kinderhilfswerk
www.dkhw.de, Suchwort: Althandy

NOKIA

Schützen Sie die Bäume in Ihrer Stadt

TU WAS TIPP
71

Wenn die Motorsäge jault, fallen Äste – und nicht selten der ganze Baum. Fragen Sie nach, warum ein Baum weichen muss und wann ein neuer gepflanzt wird. Nicht immer halten sich die Kommunen an ihre eigenen Baumschutzverordnungen. Doch es kommt auf jeden einzelnen an: Ein Baum filtert Staub, schützt vor Lärm und bindet CO_2! Schauen Sie dem Verschwinden der Bäume nicht tatenlos zu, haken Sie nach und tun Sie sich mit Nachbarn zusammen, um bedrohte Bäume in Ihrem Viertel zu retten. Sie müssen ja nicht gleich eine Besetzungsaktion starten – oft reichen ein paar Anrufe bei der zuständigen Behörde. Wenn der Sägetrupp anrückt und Zweifel an der Rechtmäßigkeit der Fällaktion besteht, kann man sogar die Polizei rufen.

Freiwillige vor

TU WAS TIPP

72

Bieten Sie anderen Ihre Hilfe an – als Zeitspender. Schwofen Sie mit geistig Behinderten, mähen Sie den Rasen vorm Pfarramt, sorgen Sie für Abwechslung auf der Krankenstation. Es gibt unendlich viele Menschen, die sich über Ihren Einsatz freuen würden. Wenn Sie eine Idee suchen, helfen Ihnen die mehr als 200 deutschen Freiwilligen-Agenturen, Ihre Neigungen zu entdecken, und vermitteln Sie an einen passenden Verein.

MEHR INFOS

Bundesarbeitsgemeinschaft der Freiwilligenagenturen: www.bagfa.de

Checkliste zu Arbeitszeiten, Kostenerstattungen oder Versicherungen: www.freiwilligen-agentur.de

JOHANNITER-UNFALL-HILFE
FREIWILLIGE FEUERWEHR DUISBURG
Die Zeitspender
DIE JOHANNITER
FREIWILLIGE FEUERWEHR St. Veit
FREIWILLIGE FEUERWEHR STADT DARDESHEIM
DEUTSCHES ROTES KREUZ
DLRG RETTUNGSDIENST BAYERN
FREIW. FEUERWEHR RUDERSBERG

Mit Biomilch die Welt retten

TU WAS TIPP

73

Wer ein paar Cent drauflegt und Milch aus ökologischer Landwirtschaft kauft, macht Kühe glücklich, bewahrt Südamerikas Regenwald vor der Abholzung, sichert die Artenvielfalt, schont das Klima, verbessert den Hochwasserschutz, schützt Grundwasser und Meere, versperrt den Agrarkonzernen das Einfallstor für Gentechnik, schafft Arbeitsplätze, hat mehr Vitamine im Glas.

SUPER
FRESH
BIO
MILK

Ruhe sanft

TU WAS TIPP

74

Überlegen Sie einmal, wie Sie diese Welt verlassen möchten. Ob im hochglanzpolierten Eichensarg oder für exorbitante 11.000 Euro ins Weltall: Jede Beerdigung sagt auch etwas über unseren Lebensstil aus. Da können Sie mit einem unlackierten Sarg ohne Metallbeschläge, einem Spendenaufruf statt Grabschmuck oder der Beisetzung in einem Friedwald ein nachhaltiges Zeichen setzen.

MEHR INFOS

Die Friedwald GmbH betreibt elf deutsche Friedwälder: www.friedwald.de

Naturbestattungen in den Schweizer Bergen und in Deutschland: www.naturbestattungen.de

Global denken, lokal genießen

TU WAS TIPP

75

Freuen Sie sich auf edle Spargel-Gerichte – im Frühling! Genießen Sie sahnigen Johannisbeerquark – im Sommer! Schlemmen Sie köstliche Zwetschgenknödel – im Herbst! Und feiern Sie wilde Grünkohl-Gelage – im Winter! Kaufen Sie Obst und Gemüse, das in Ihrer Region wächst, und verfassen Sie Ihren Einkaufszettel passend zur Jahreszeit!

MEHR INFOS

Hilfreich sind dabei Erntekalender, zum Beispiel der vom Greenpeace Magazin.
Viele nützliche Tipps für den regionalen Einkauf finden Sie im Greenpeace Magazin 5.11 „Essen spezial".
Bestellen können Sie beides auf:
www.greenpeace-magazin.de/warenhaus

Zitrivi-si, swi-swi-swi-swi-swi, ziwüso...

TU WAS TIPP

76

Halten Sie bei einem Spaziergang mal inne, lauschen Sie – und erfreuen Sie sich am Vogelgezwitscher! An der überdrehten Trillerstrophe (oben) des für seine Größe unglaublich stimmgewaltigen Zaunkönigs! An den rechthaberisch wiederholten Motiven der Singdrossel, den perlenden Tonreihen des Rotkehlchens oder... Denn wer den Vögeln zuhört, schärft seine Sinne, beruhigt sein Gemüt und entdeckt vielleicht sogar eine neue Leidenschaft.

MEHR INFOS

Die CD „Vogelgezwitscher" des Greenpeace Magazins enthält Gesänge und Rufe von 42 Gartenvögeln, mit Porträts in Text und Bild.
www.greenpeace-magazin.de/warenhaus

Buchtipp: Lars Svensson u.a.: Der Kosmos Vogelführer. Alle Arten Europas, Nordafrikas und Vorderasiens, 2. Aufl., Kosmos 2011; mit 4000 Farbzeichnungen und 700 Karten, 448 Seiten

Bringen Sie Ihr Handy zum Schweigen

TU WAS TIPP

77

Für Elise. Der Walkürenritt. La Cucaracha. Aus allen Richtungen klingeln, piepen und fiepsen uns Mobiltelefone entgegen, als würden uns Autos, Flugzeuge und die wummernden Bässe aus dem zweiten Stock nicht schon genug in den Ohren liegen. Doch wenigstens das Telefon ist leicht zu dämpfen: Signalton aus, Vibrationsalarm an!

A Ω
1 2 3
4 5 6
7 8 9
* 0

Leo Hickman
Wie werde ich ein besserer Mensch?

EIN ESSAY

Irgendjemand nannte es mal den Zuckerschoten-Moment: diesen Schub von Schuldgefühlen, der dir sagt, dass es schlecht ist, was du gerade tust – zum Beispiel, wenn du mitten im Winter ein Päckchen frische grüne Zuckerschoten kaufst, das per Luftfracht von einem Acker in Kenia in das Supermarktregal vor dir gebracht worden ist. Doch dieser Moment geht schnell vorbei, wenn dir einfällt, dass du – verdammt! – nur noch eine halbe Stunde Zeit hast, bevor die Schwiegereltern zum Abendessen eintreffen, und bis dahin musst du noch einkaufen, nach Hause hetzen, duschen und irgendwas Eindrucksvolles auf den Tisch zaubern. Die Grübelei über Flugzeugabgase, Billiglohnarbeit und Verpackungsmüll kann bis morgen warten.

Aber „morgen" kommt niemals. Jedenfalls kam es bei mir nie. Natürlich, die guten Absichten sind vorhanden, ebenso das Mitgefühl mit den Problemen der Welt. Aber wenn man dafür mit seinen Gewohnheiten brechen oder sie ändern müsste, dann spielen gute Vorsätze nur die zweite Geige. Doch irgendwann – bei mir war es, als meine Tochter geboren wurde – suchen wir Antworten auf die großen Fragen: Was stelle ich an mit meinem Leben? Bin ich ein guter Mensch? Was hält mich eigentlich davon ab, den Hintern hochzukriegen und etwas Gutes für die Welt zu tun, egal wie klein es auch sein mag? Die Ironie unseres westlichen Lebensstils ist ja nicht, dass wir in glückseliger Ignoranz darüber leben, welch schlimme Folgen er für uns, unsere Mitmenschen und die Umwelt hat, sondern dass wir einfach trotzdem weitermachen, eingehüllt von einem bequemen Nebel aus Trägheit und Apathie. Kein Tag vergeht, an dem ich nicht über quecksilberverseuchten Lachs lese, über den Zusammenhang von Deodorants und Krebserkrankungen oder die zunehmende soziale Ungleichheit. Mir stockt der Atem bei den betrüblichen Fakten über unser verschwenderisches und selbstsüchtiges Leben: dass weltweit pro Jahr 33 Milliarden Dollar für Kosmetika ausgegeben werden, während 29 Milliarden Dollar ausreichen würden, den Hunger auszurotten und alle Menschen mit sauberem Trinkwasser zu versorgen. Oder dass die Hälfte der Weltbevölkerung von weniger als zwei Dollar pro Tag überleben muss – weniger als ich für einen Kaffee auf dem Weg zur Arbeit ausgebe. Aber ich lese lieber im Videotext die Fußballergebnisse oder gehe mit meiner Tochter eine Runde durch den Park spazieren, als über all das hässliche und negative Zeug nachzudenken. Und übrigens, was könnte ich überhaupt dagegen tun? Gibt es dafür nicht Wahlen?

Das war die Situation, als ich für den *Guardian* ein Experiment begann: Würde ich, der ich mit meiner Frau Jane und unserem Baby Esme eines dieser typischen bequemen und routinierten Vorstadtleben führte, die wirklichen Auswirkungen meiner Gewohnheiten und Konsumentscheidungen verstehen? Und könnte ich – über einen Zeitraum von ein paar Monaten

– ein „moralischeres" Leben führen? Meinen „Fußabdruck auf der Erde" reduzieren? Und eine positivere Kraft für mich und meine Umgebung sein? Dabei wollte ich nicht aus dem Alltag aussteigen oder ein Eremitendasein auf einem Hof im schottischen Hochland beginnen. Und von Anfang an war mir klar, dass der Tag niemals kommen würde, an dem ich eine Flasche Bio-Sekt entkorke und verkünde: „Ich hab's geschafft! Mein Leben ist vollkommen frei von Schuld!"

Aber ein Problem war schnell klar: Ich brauchte Hilfe, jemand musste mir in den Hintern treten, wann immer ich schwankend werden würde. Nicht einen meditierenden, Tofu-Burger essenden Hippie, sondern seriöse Experten, die mir mit Vernunft – und möglichst auch mit harter Wissenschaft – erklären sollten, was ich ändern sollte an meinem Leben. Gemeinsam mussten wir erst einmal definieren, was wir unter einem „moralischeren Lebensstil" verstehen. Wir mussten Prioritäten festlegen für den alltäglichen Kleinkrieg und die unzähligen Dilemmata: Ist Fair-Trade-Kaffee besser als ökologisch angebauter? Sind Wegwerfwindeln o.k., wenn die Baumwollwindeln über Nacht immer undicht werden? Was ist ökologischer, mit dem Bus zur Arbeit zu fahren oder mit der Bahn? Sollte ich mein Kind von der Werbung im Fernsehen fernhalten?

Eines Tages also standen die Berater – zwei Vertreter von Umweltorganisationen und ein Redakteur der Zeitschrift *Ethical Consumer* – vor unserer Haustür. Schon bei der Frage, was wir ihnen zu essen anbieten sollten, waren Jane und ich in Panik geraten. Ob sie Vegetarier sind oder Veganer oder gar zu denen zählen, die nur Obst essen, das überrreif von Bäumen abgefallen ist? „Meinst du, wir sollten unsere Fernbedienung verstecken?", fragte ich Jane. „Nicht dass sie denken, wir säßen

Alles, was ich in die Hand nahm, jede Dose, jede Flasche, sogar die leere Salatschüssel aus Plastik, schrie mir „schuldig!“ entgegen.

den ganzen Tag vor dem Fernseher!“ Über mehrere Stunden durchforsteten sie dann unser Haus. Sie inspizierten den Kühlschrank, und alles, was sie herausholten, schien Probleme zu bergen: Einer der Berater hielt ein Paket Zuckerschoten hoch und erklärte uns die Herkunft. O.k., wenigstens die Milch stammte aus Bioanbau. Die Eier kamen zwar aus Freilandhaltung, aber nicht ökologischer. In den Regalen fanden sie Weinflaschen, Saftkartons, Dosen mit Thunfisch, Reis, Nudeln – zu jedem Produkt listeten sie auf, wie es uns, anderen oder der Umwelt schadet. Ich wusste nicht, wie sich Jane fühlte, aber ich hätte schon da ein Glas Brandy gebrauchen können – und wir hatten noch nicht einmal die Küche verlassen.

So ging es weiter durch den Rest des Hauses und unseren Garten. Im Badezimmer streckte sich eine unserer Beraterinnen zum Regal, wo Janes geliebte Parfums und Cremes von Clarins stehen. „Bitte, kritisiert die bloß nicht!“, bettelte ich stumm. Vergebens. Uns wurde die lange Liste mit Inhaltsstoffen vorgelesen, von denen ich die meisten seit dem Chemieunterricht nicht mehr gehört hatte. „Habt ihr eine Ahnung, was das auf der Haut anrichtet?“ Als wir schließlich die Wohnungstür hinter den dreien geschlossen hatten, schauten Jane und ich uns an. „Na?“, sagte ich. Jane ging mit Esme ins Wohnzimmer und sank stumm aufs Sofa. Ich weiß aus Erfahrung, dass ich sie in solchen Momenten besser allein lassen sollte. Ich räumte also die Küche auf, und alles, was ich in die Hand nahm, jede Dose, jede Flasche, sogar die leere Salatschüssel aus Plastik, schrie mir „schuldig!“ entgegen.

So begann also unser Experiment. Der nächste Wocheneinkauf im gewohnten Supermarkt endet als ziemliches Desaster – wir finden kaum Produkte, die unseren neuen

Es haut einen um zu sehen, wie viel wir noch zu tun haben, um unsere Müllberge zu verringern

Anforderungen entsprechen. Und für das kleine Häufchen, das ich schließlich aufs Kassenband lege, zahlen wir mehr als hundert Euro. Für die *Guardian*-Kolumne über unser Experiment besuche ich eine Müllkippe. „Das hättest du sehen müssen", sage ich abends zu Jane. „Es haut einen um zu sehen, wie viel wir noch zu tun haben, um unsere Müllberge zu verringern." Jane schickt mich erstmal unter die Dusche.

In unserem kleinen Garten setzen wir einen Komposthaufen an, wo Regenwürmer, die per Post eintreffen, unsere Küchenabfälle verarbeiten – was ich fasziniert beobachte. Wir abonnieren einen Lieferdienst, der jede Woche eine Kiste mit frischem Gemüse aus der Region ins Haus bringt – es ist eine großartige Erfahrung, das saisongemäße Kochen zu lernen und auch als Städter wieder einen Bezug zu den Jahreszeiten zu bekommen. Wir beginnen, den Haushalt statt mit Chemie mit Essig, Zitrone und Soda zu putzen, was sich als nicht ganz einfach herausstellt, denn als ich in der Drogerie nach zwei Kilo Soda frage, werde ich misstrauisch gemustert. „Drogendealer kaufen große Mengen davon", klärt mich der Verkäufer auf, „weil es billig ist und schwer nachzuweisen, wenn sie ihre Ware damit gestreckt haben."

Wie geht es mir dabei? Mit vielem, was wir versuchen, bin ich zufrieden, aber immer wieder gibt es auch Momente, in denen ich mich frage, was wir eigentlich an echt Bedeutsamem geschafft haben. Welchen Effekt haben all unsere Bemühungen wirklich für die große Welt? Es kommt mir vor, als seien wir kleine Fische, die gegen die Flut anschwimmen. Warum ärgern mich plötzlich die scheinbar egoistischen Taten anderer Menschen, die unbekümmert Müll produzieren und Auto fahren? Ein Teil von mir verwandelt sich in einen mürrischen alten Sack, der sich

über andere beschwert, und das gefällt mir überhaupt nicht. Vielleicht sollte ich mit dem Meditieren beginnen?

Auch über mich selbst bin ich unglücklich. Ich will ja alles befolgen, was die Berater gesagt haben – denn es hat mich überzeugt, auch wenn etliche Dinge auf den ersten Blick unrealistisch wirken. Aber vieles erscheint mir als Mühsal. Und ich beginne mich ein bisschen überfordert zu fühlen davon, wie viel zu tun ist. Eine Ziellinie ist nicht in Sicht, ganz anders als sonst im Leben. Die üblichen Wünsche – einen neuen Fernseher kaufen, einen besseren Job finden, ein Kind bekommen, schlanker werden – sind im Prinzip erreichbar, selbst wenn sie eine Menge Anstrengung erfordern. Doch das, an dem wir im Moment arbeiten, scheint vollkommen unerreichbar für zwei Erwachsene und ein Baby in einem Reihenhaus in Süd-London: den Klimawandel bremsen, das Leiden der Menschheit weltweit lindern, den Giftausstoß verringern, ungerechte Handelspraktiken eindämmen und die Globalisierung reformieren.

Oder bin ich einfach nur ein Dünnbrettbohrer? Vielleicht habe ich es einfach nicht im Blut, vierundzwanzig Stunden am Tag ein besorgter und umsichtiger Mensch zu sein. Es gibt Momente – und es wird noch viele davon geben –, an denen ich versucht bin zu sagen: Zur Hölle mit allem! Ich will eine Cola und eine Packung Chips, und es ist mir egal, ob ich damit Lebensmittelkonzerne unterstütze oder ungesundes Fertigessen zu mir nehme!

Ständig muss ich mich daran erinnern, was zu beachten ich mir vorgenommen habe. Ich frage mich: Wann endlich beginne ich instinktiv so zu leben, wie meine Berater es vorschlagen? Ich fühle mich wie ein eifriger, unverdorbener Schüler in einem dieser Kampfsportfilme, der es nicht erwarten

kann, von seinem Lehrmeister gesagt zu bekommen, nun sei für ihn der Zeitpunkt gekommen, allein in den Kampf zu ziehen. „Hab' Geduld", sagt der Weise. „Du wirst selbst wissen, wenn du so weit bist." Also mache ich weiter. Wir finden Geschäfte, die Kleidung aus ökologisch erzeugter Baumwolle verkaufen. Wir essen weniger Fleisch. Wir wechseln mit unseren Konten zu einer Bank, die ihre Guthaben nach ethischen Kriterien investiert. In den Ferien fahren wir mit dem Zug zum Wandern nach Italien.

Ein Jahr, nachdem die drei Ethikratgeber in unser Leben traten, habe ich die Arbeit an meinem Buch „A Life Stripped Bare" abgeschlossen. „Läuft dein Experiment immer noch?", ist die erste Frage, die mir von den meisten Leuten gestellt wird. Gefolgt von einer zweiten: „Bist du schon zu deinem normalen Leben zurückgekehrt?" Es fällt mir immer schwer, solche Fragen zu beantworten.

Das Experiment ist mit Sicherheit nicht zu Ende. Ich habe den Komposthaufen noch nicht wieder abgeschafft, die Abokiste noch nicht wieder abbestellt und das Mülltrennen noch nicht wieder aufgegeben. Was die Berater gesagt haben, geht mir nicht aus dem Kopf. Dieses Experiment ist wie die Büchse der Pandora – einmal geöffnet, ist sie nicht wieder zu schließen. Dies ist jetzt mein „normales" Leben geworden. Wenn ich sagen sollte, worauf wir am stolzesten sind: dass wir auch nach der Geburt unserer Tochter autofrei geblieben sind. „Die Wahl des Fortbewegungsmittels", so brachten es amerikanische Wissenschaftler auf den Punkt, „hat einen größeren Einfluss auf die Umwelt als jede andere Konsumentscheidung."

Ich versuche, allen Vorsätzen so gut zu folgen wie möglich. Aber ich kann nicht verhehlen, dass ich Lieblinge habe.

Nein, du kannst die Welt nicht eigenhändig retten. Aber du kannst dich heute mehr bemühen als gestern.

Zum Beispiel habe ich kürzlich damit begonnen, Nachhilfestunden an einer Hauptschule in der Nachbarschaft zu geben, wo Englisch für über die Hälfte der Schüler eine Fremdsprache ist. Die Theorie war, dass ich einem vierzehnjährigen Kind ein klein wenig behilflich sein könnte auf dem Weg durch die Abschlussprüfungen und darüber hinaus; in der Praxis war ich es, der nach der ersten Unterrichtsstunde etwas gelernt hatte – ich kam nach Hause und konnte auf Bengali sagen: „Mein Name ist Leo."

Zugleich sind mir bestimmte Sachen immer noch eine Qual, und ich kann mir nicht vorstellen, jemals Befriedigung darin zu finden oder gar Freude. Dazu gehört, mich mit dem Kinderwagen in den Bus zu kämpfen oder mit Essig und Zitrone das Klo zu putzen. Außerdem erfüllt mich der Gedanke, nie wieder ein Flugzeug besteigen zu dürfen, mit großem Bedauern, und ich bin sicher, dass ich – wie auch Jane – mit dieser Regel unweigerlich brechen werde, allerdings schweren Herzens und mit einem brennenden Gefühl von Schuld. Wir werden einen Kompromiss zimmern: Während wir die Vorteile klar sehen, die es der Umwelt brächte, wenn wir das Fliegen aus unserem Leben verbannen, wollen wir die Chance nicht preisgeben, jemals wieder außerhalb Europas zu reisen. Für uns ist die Lösung dieses Dilemmas, wann immer möglich nach Alternativen zu suchen, aber niemals nie zu sagen.

Und ich habe den Trick gefunden, mit dem sich das Gefühl vermeiden lässt, dein Leben sei eine langwierige Übung in Selbstgeißelung: Bewahre dir den richtigen Blickwinkel – und den Humor. Nein, du kannst die Welt nicht eigenhändig retten. Aber du kannst dich heute mehr bemühen als gestern. Und, hey, kann sein, dass du dabei sogar Spaß hast!

Auszüge aus:
A Life Stripped Bare. Transworld Publishers. London 2005

Impressum

Dank an alle, ohne deren Hilfe unser Buch
in dieser Form nicht entstanden wäre.

Greenpeace Media GmbH
Große Elbstraße 145d
22767 Hamburg
Deutschland
Telefon 040/808 12 80 80
Fax 040 /808 12 80 99
E-Mail: gpm@greenpeace-magazin.de

Ein Greenpeace Magazin Produkt
www.greenpeace-magazin.de

V.i.S.d.P.: Jochen Schildt

Recherche und Redaktion: Kerstin Eitner,
Wolfgang Hassenstein, Andrea Hösch
Bildredaktion: Kerstin Leesch, Joanna Berendsohn
Gestaltung: Jürgen Kaffer, Bettina Rosenow
Produktionslayout: Andrea Junker
Litho: Creativ Media Agency, Hamburg
Druck: GZD Designpress GmbH, 71254 Ditzingen
Papier: Circlematt, 100% Recyclingpapier,
ausgezeichnet mit dem Umweltsiegel Blauer Engel

Erste Auflage

ISBN 978-3-9811689-7-6

Stilprägend für unsere Tu-was-Tipps

Christoph Niemann
wurde berühmt durch seine genialen Ideen für den New Yorker, Wired, Vanity Fair und den Blog „Abstract Sunday“ auf der Homepage der New York Times. Der preisgekrönte Zeichner, der nach zehn Jahren USA jetzt in Berlin lebt, arbeitet seit 2002 regelmäßig für das Greenpeace Magazin. Er schuf alle Illustrationen in diesem Buch.

Enver Hirsch
sucht das Absurde im Alltäglichen: „Früher habe ich nur Menschen fotografiert. Später habe ich begonnen, mich für ihre merkwürdigen Spuren zu interessieren.“ Beiträge in Tempo oder dem SZ Magazin machten ihn zum Star. Seine Arbeiten zieren alle großen deutschen Zeitschriften, seit 1999 auch das Greenpeace Magazin.

Bildnachweis

Christoph Niemann [Titel, 02, 05, 07, 10, 15, 16, 19, 20, 21, 24, 26, 27, 29, 30, 33, 35, 39, 42, 45, 47, 48, 51, 54, 57, 59, 63, 66, 68, 71, 75]; Taiyo Onorato & Nico Krebs [01, 14]; Enver Hirsch [03, 09, 12, 18, 22, 34, 36, 41, 43, 46, 49, 50, 53, 58, 60, 62, 64, 65, 67, 69, 70, 72, 74, 76]; Noé Flum [04]; Dorle Bahlburg [06]; Hans Hansen [08, 11, 37, 52]; Jan Kornstaedt [17, 31, 55]; Kristian Kutschera [23]; Silke Weinsheimer [25]; Cédric Widmer [28]; Katrin Binner [32]; Christian Grund [40, 56]; Julia Christe [44, 61]; Thorsten Futh [53]; Action „Milk“ [73]

greenpeace magazin.
FEINSTAUB IM BÜRO
WIEDER DA!

greenpeace magazin.
Wider-
stand
Extra-Ausgabe: Kreativer Protest weltweit

greenpeace magazin.
DIE TÄUSCHUNG

greenpeace magazin.
WARNUNG!

greenpeace magazin.
SO GRÜN IST DEUTSCHLAND

greenpeace magazin.
ZART-
ABER
BITTER

greenpeace magazin.
VERBRAUCHT, VERSCHWENDET, VERLOREN:
WEG
DAMIT!

greenpeace magazin.
AMNESTY INTERNATIONAL
60 JAHRE
MENSCHEN-
RECHTE

greenpeace magazin.
VORSICHT
MITGIFT!

greenpeace magazin.
Die 10 Lügen
der Atomlobby
ATOMIC-MAN
GREIFT AN!

greenpeace magazin.
WIR SIND
EUROPAMEISTER

greenpeace magazin.
Wale und Delfine

greenpeace magazin.
400 x
NGO

TEXTIL-FIBEL 4
greenpeace magazin.

Jens, Lotti und die Schafe